김현철 서정시인 제2집

오동도 동백은 피고지고

도서출판 여울 국민행복

•• 목차 ••

출간하며 8
고독한 시인의 길 나의길 10
축하의 글 11

•• 1부 ••

오동도 눈 덮힌 동백 19
오동도 앞 소녀 20
봄이 오면 21
개나리 22
그 자리에서 23
봄 생각 24
봄이 왔다 25
비오는 날에는 26
세월 27
별이 되어 28
봄엔 29
벚꽃 30
봄바람 31
고향 그리고 친구 32
바다 33
비 오는 풍경 34
동백 길을 나선다 35
허수아비 36

꽃구름	37
풍경소리	38
한산사 예불	39
달 속에서 이백을 보다	40
고향 선 술집	41
종달새 2	42
두견새 울음소리	43
구름의 향연	44

•• 2부 ••

청보리밭	49
여름	50
새 울음소리	51
7월의 꿈	52
7월의 작별	53
연못	54
바람 춤	55
장마	56
구름	57
네가 그리운 것은	58
가야 꽃을 보렴	59
가을	61
국화	62
갈잎 과 달빛	63
동지 밤에 고양이 울고 갔다	64
대숲에 서면	65
별빛	66
노을	68
구봉산	69

봉숭아 서신	71
비와 당신	72
나는 어디에 있나	73
꽃의 노래	74

•• 3부 ••

간밤의 장맛비	77
새벽엔 달이 울었다	78
세월	79
청실홍실	80
향이 좋은 차 한 잔	81
백련사 연꽃	83
여수 아리랑	85
칠월의 작별	87
바람꽃	88
그런 날들은 술을 마셔야 했다	89
산 따라 물소리 따라	90
풍경	91
섬진강에 여름	92
입추	93

•• 4부 ••

가을 길을 나서다	97
구절초 향기 찾아서	98
꽃의 이야기	99
연못에서	100

한산사의 가을	101
가을 민들레 피다	102
하나의 시론	103
늙은 시인의 노래	105
성불사 예불	106
사막의 밤	107
너 안에 나 있었다	108
가을 길을 걷다	109
갈대밭	110
향일암에서	111
달빛 한옥마을	113
가을에 핀 그대는 예쁜 꽃	115
가을 비	116
그리움	118
내 사랑 호	119
간밤에 별이 되었다네	120
행복	122
가을엔 이별을 두고	123
꽃아 가을꽃아	124
편백 숲길에서	125
가을엔 하루쯤	127
어떤 이별	128
풍경	129
그게 이별이야	130
코스모스	131
여명의 등불	132
목숨값	133
애기단풍	135
오랜 이별을 위한 노래	136
별이 되어	138
눈 덮인 겨울엔 하나되리라	139

·· 5부 ··

사랑은	143
네 마음 단풍 물드면	144
고령	145
참새처럼	147
꿈에서 깨어나다	148
고향 그리고 현호	149
거울	150
눈의 무게	151
기다림과 행복의 언덕	152
겨울	154
사랑	156
나도 저절로 살아가고 싶다	157
내 사랑과 함께	158
소나기 그리움	159
물망초사랑	160
실개천	161
여수밤바다	162
꽃	163
상고대	164
풍경소리	165

·· 후기글 ··   175

•• 출간하며 ••

서정 시집2
오동도 동백은 피고지고

지난 2023년 첫 시집 내 고향 여수 발간 후 바쁜 일정
속에서 제2집을 상재하게 되었습니다.

십여년을 시인으로써 대전 소재 대한문인협회와
한국문화해외교류협회 종합문예 유성문인협회
푸른문학 동양문학 등으로
활동하면서
많은 선배님 시인들의 주옥같은 시와 함께
그동안 준비한 끝에 2집을 출간을 하게 되었습니다.

여울문학회 회장님과 회원님들께 진심으로 감사드립니다.

저에 우상인 제 친형님 김현만 시인님과
여수에서 갓김치 상회를 운영중인
제 누님 김현숙씨와
매형 김주경

또 한 여수에 사촌형님 서금복
황길동 사촌동생 황순열
친구(죽마고우)
노성훈 신진수
김정필 최생환
김길곤 등
모든 지인, 시인님들 나의 삶을 인도하고 계시는 분들에게 깊이 감사드립니다.

                                    2025년 광주에서
                                    봄을 기다리며
                                  소설가 서교 김현철

·· 고독한 시인의 길 나의길 ··

시인의 첫 시집
내 고향 여수 발간한지가
일년이 되었습니다.

시인은 고독하다 고독을 먹고 시를 쓴다.
로댕의 조각상 생각하는 사람은 가장 멋진 시인이다.
오랜 침묵으로 고독에 잠겨 비가 오나 눈이 오나 긴
세월을 한 손으로 턱을 괴고 앉아 생각하며 인생의 시를
쓰고 또 쓰고 있다.

고향 하늘에 내 시를 놓고 서정시를 써본다.
지금까지 써 놓은. 시를 선별하여 쓴
{내 고향 여수}를 상재한다.
벌써 일년이 되었습니다.
앞으로 더욱 좋은 시로 2집과 소설집 아, 여수여
출판에 매진하겠습니다.

지인과 구독자 모두 응원해 주십시요.
감사드립니다.

·· 광주에서 시인 서교 김현철 올림

•• 축하의 글 ••

염천지절에 서교 김현철 시인의 제2시집(오동도 동백은 피고지고) 출간 소식을 접하고 무척 반갑고 감개무량 합니다.
작열하는 태양처럼 평소 남다른 열정으로 고향과 조국을 사랑하는 마음을 김현철 시인만이 구가한 주옥같은 시 한 편 한편마다 독자들에게 감명을 주리라 확신합니다.
향후 김현철 시인의 문화창달의 밑걸음이 되리라.
믿고 확신합니다.
끝으로 김시인의 앞날에 문운이 창대하시고 제2집 발간을 진심으로 축하드립니다.

•• 대한문인협회 이사장 김락호

김현철 시인님 !
시집2 발간을 축하하며,
무궁한 발전을 기원합니다.
홧팅 !

•• 김준수

서교 김현철님의 2집 발간을 진심으로 축하드리며 항상
건강과 행운이 함께하시길 빕니다.

　　　　　　　　　　　　　　•• 광주신협 이사장님

여수에서 태어났으니 여수를 사랑하는 마음이 무진장
솟았으리라 그래서 지난1집도 내 고향 여수이고
이번 2집도 오동도 동백은 피고지고 시집을 발간하여
올곧지 아니한가 여수를 진정으로 사랑하는 서교 김현철
시인의 시향을 느껴볼 수 있어 우리 모두의 가슴에 그
푸르름을 간직하고자 한다.

　　　　　　　　　　　　　　•• 전 국회의원 김충조

서정의 나래를 펴고 자연과 삶속으로 달려오신 서정시인
서교 김현철 시인님 문운이 창대하시길 기원합니다.

　　　　　　　　　　　　　　•• 광주광역시장 강기정

서교 김현철 아우님 고향의 향수를 듬뿍 담아서 쓴 제2집
오동도 동백은 피고지고 출간을 진심으로 축하드립니다.
서정시 대가로 대한민국 제일의 시인으로 거듭나시길
바랍니다.

　　　　　　　　　　　　　　•• 전 유엔사무총장 반기문

이 세상에 태어나서 만난 시인 중 가슴이 제일 따뜻한
서교 김현철 시인님 제2집 오동도 동백은 피고지고
진심으로 축하드리며 우리 시대에 대표적인
서정시인으로 독자들에게 마음을 봄날 햇살처럼 따뜻하게
물들일 겁니다.
건필 향필하소서.

•• 시인 운봉 김한식

대단하신 김현철 회장님
[오동도 동백은 피고지고]
뜻깊은 출판기념회 진심으로 축하드립니다.
정말 수고하셨습니다!
고향 사랑 시집 같습니다.

•• 박정현 드림

문화예술이 숨쉬는 문향의 도시 광주에서 문학활동을
하는 김현철 시인의 제2시집의 출판 기념식을 진심으로
축하드리며 앞으로 승승장구 하는 문학인으로 거듭 나서
소설분야만 노벨 문학상이 아닌 시 분야에서도 멋지게
탄생하길 응원합니다.

•• 한국의시문학협회 회장 최중환
•• 아태문화예술총연합회 대표 최중환

서교김현철 시인님!
제2시집 출간을 진심으로 축하드립니다.
서정 시집 출간을 위하여
많은 시간을 보냈으리라 미루어 짐작 해 봅니다.
2쇄 3쇄 베스트셀러 작가가 되시길 바랍니다.
좋은 글을 짓기 위하여 혼신의 열정이 어린 작품에
격려와 응원을 보냅니다.
주옥같은 작품을 접하게 되어서
기쁘기 한이 없습니다.
대한민국을 넘어서 지구촌에
뜨는 문학계에 큰 별이 되시길 바랍니다.

∴ 竹泉모상철 올림

봄꽃이 피어나는 사월에 서정시인 서교 김현철 여수시
회장님의 제2집 "오동도 동백은 피고지고" 출판을 축하
드립니다.
여수에서 태어나서 여수를 사랑하는 마음이 담기고,
여수를 사랑하는 시향을 느껴볼 수 있으며 가슴에
푸르름이 있습니다.
가슴이 따뜻한 시인님으로 우리 시대의 대표적인
서정시인으로 봄날 햇빛처럼 따뜻하게 들어갈 것입니다.
타오르는 태양처럼 열정으로 고향을 사랑하는 주옥같은

시는 감동을 줍니다.

한국문학의 발전에 큰 걸음이 시작되고, 국민행복여울문학 여수시협회의 단비가 되며 국민행복 국민희망의 문화예술이 동백처럼 활짝 꽃피우시길 소망합니다.

•• 해피트리오국민행복여울문학문인협회

1부

오동도 눈 덮힌 동백

오동도 숲속에
대나무와 함께
빨간 모자 대신
하얀 고깔 머리에 이고
수줍어
붉게 상기 된 얼굴로
새색시 부끄럼 같은 미소

세상의 고통과 아픔
모두 짊어진 동백꽃
한 겨울을 통째로 껴안고
향기 대신
달콤한 꿈을 주는
내 동백아

오동도 앞 소녀

오동도 앞 바다를
그림을 그리는
작은 소녀가 있다

만월에 이끌리어 휘영청 밝은 달
하늘보다 높은 꿈 아무 것에도
메이기를 거부하고픈
야무진 소녀가 하늘을 본다

오늘은 아름다워지고 싶고
오늘은 시를 지어보고 싶고
아무 것도 부럽지 않고 두렵지 않은
당찬 그녀가 오늘은 한 여인이고 싶다

바다의 그림을 전하고 여운을 멀리
사랑의 마음을 멀리 날리고싶다

봄이 오면

아 봄이 오려나
코 끝을 스치는 바다 바람

여수에 아칭
구봉산 산길에는
메마른 가지에
솜톨 같이 새순이 돋네
봄이 오는 소리

매화 벚꽃 진달래
아름다운 봄이여

한잎 두잎 옷을 떨구며
앙상한 봄 드러내고
하얀 옷을 입으니
겨울이구나
다시 새로운 봄을. 맞이해야지
구봉산 기슭에서

개나리

개울가 여인 노오란
저고리 소매자락

나풀나풀

푸른 강 줄기
잡아 보려고

노오란 성
들러 길을 내었나

그 자리에서

시들어 가던 삶이
푸른 잎이 파릇파릇
돋아납니다

앉은 자리가 꽃자리라는
어느 노 시인의 시처럼

영롱한 빛.
꽃이 되어 보렵니다
머문 그 자리에서

봄 생각

봄이 오면 아지랭이
아롱아롱 피어오르고

생강 꽃 노오란
웃음지어 행복
부르네

각시나무
빨간 꿈 새롭게
꿈을 꾸다

봄이 왔다

봄이 왔다
비가 왔다
그래도 너는 오지 않았다

꽃들이 왔다
새들이 왔다
그래도 너는 오지 않았다
사랑.
다 부질 없다고
겨우내 얼어붙었던
마음을 내어
햇빛에 말리며
문밖을 본다
오지도 않는 너를 기다리며
애써 웃어보려 하지만
네 마음속 미소는 오지 않고
문밖으로는 애꿎은
시샘만 지나간다

비오는 날에는

비오는 날에는
그리움마저 놓아두고
강가로 나서야한다

낙엽송 사이로 흐르는
강물들을 따라
낡은 수첩 속의
구절초 향만을 안고
강가로 나서야 한다

네가 있었던 자리
바다로 떠나는 자리
아직도 멈춰선
낡은 시간들만 데리고
비오는 날에는
사랑마저 잠재워
두고
강가로 나서야 한다

세월

어느 날엔가는 잊힐
것이다
사랑하는 네 얼굴마저
비 내려 창가에
눈물인양 흐르던 날처럼

눈을 감아도
잊지 않으리란 그 맹세
아직도 네 머리맡에
가지런히 놓여 있는데

어느 날엔가는 잊힐 것이다
사랑 했던 기억마저
내 어머니가 잃어버렸던 그
세월처럼

별이 되어

내 꿈은
달이 아닌
별이 되는 일이었다

누군가에게 길을 내어주고
누군가에게 춤을 추게 하는
달이 되는 일이 아니라

별이 되어
별이 되어
숨죽인 밤하늘에 홀로
그대를 바라보는 일이었다

사랑 한다는 것은
가끔은 몰래
바라보는 일이기도 해서

봄엔

한번쯤은 감히 그대를
부르고 싶었습니다

세상의 모든 눈들이
겨울처럼 차가운 눈들이
창문을 열고 나선다 해도

봄을 놔두고도
고운 미소로 오던
창백한 그대의 숨결 안으로

바람으로나마 남아있는
저 바다의 깊은 신음을 내어
나는 부르고 싶었습니다

내 사랑이여!
이 봄도 그냥 가시려는가?

벚꽃

지금은 어디든 벚꽃 세상
동서남북 어디든
오늘은 내 마음속

날마다 더 따뜻한 봄날
한 잎 한 잎, 꽃 눈
나비처럼 팔랑 날릴 때

세상은 온통 연두 빛깔
맑은 아기 손처럼
파릇한 새순이 돋아나길

봄바람

봄바람아 불어라
쑥 향기
들녘길

그대에게 전해 오면
그리움 연두빛으로 짙어지니

봄바람 살랑살랑 불어와
연분홍 피어진 벗꽃잎이
눈꽃 날리듯 그 길
당신과 거니네

고향 그리고 친구

아직도 꿈꾸지 못한
저 산 너머에는
누가 있을까

바람을 타고 앉아 부르는
낡은 풍금의 노래와
하모니카인 양
입술을 간질이던 옥수수
그리고 또 무엇이 있을까

고향 바다를 향하는
내 앞 막고선
저 산 너머에는
아직도 아장아장 걷던
친구들의 오랜 이야기들이
걷고 있을까
불러도 대답없는
구름만이 서산을 넘고

바다

눈부신 햇살
무술목을 밝힌다
그윽한 밤 정취
사방을 푸르게 물들이면
산과 강도 끌어안고
이 땅이 개화되어 간다

육지에선
인간의 향기
하늘에선
신선한 공기

바다에선
속 깊은 내음
물줄기
산 줄기 따라

인생길 사방이 부른 빛

비 오는 풍경

비가 내린다
나뭇잎 사이로
조용히 내리는
빗방울 소리가
내 심장 속으로
파고든다

혼탁한 세상이 비에 젖어
온전히 맑아지고
세상은 새롭게
변한다

오늘은 비에 마법에
세상을 자해하는 하루다

동백 길을 나선다

선운산 동백은
아직 일러 피지도 않았다는데
겨우내 내 가슴에 피어

시린 눈물이기만 했던
앞마당 동백은
눈길 한번 주지 않고 떠난다

가는 길 나비라도 만나면
서러워 울지 말라는
당부의 말마저 놓아둔 채 떠난다

허수아비

그대 왜 빈 깡통은 두드리느냐
밀짚모자 아래로 흐르는
땀마저 닦지 못하시는가

겨울이 올거라
조롱하며 나는 참새들이
미운 건 아니라면서도
왜 눈을 부라리고 서 계시는가

어떤 날은 나도
사랑마저 부질없다
말하면서도
가슴엔 온통 붉은 꽃뿐이라네
이제 나도 그대처럼 들로 나서
팔이라도 벌리고 서 있어야할 모양이네

그런데 그대 외로울까
밤에는 부엉이라도 울어주기는 하던가

꽃구름

달빛이 사뿐 내려와
여름밤 내내
들어보고

엄지손 높이 높이
추겨올리더니

아름다운 그 소리
한 아름 안고

동터 오자
꽃구름 타고 가요
달나라로

풍경소리

금빛노을 내려앉은
산자락
나부끼는 수풀 가뿐
숨을 삼키고
뭉게구름 쉬어 가는
고요한 산사

탱그렁 땡
땡그렁 땡
처마 밑
물고기 바람에
기대어
눈물 소리로
나를 부른다

한산사 예불

한산사 어둠이 내리면
북소리에 맞추어
삼라만상의 업보를
다투어 제자리로 가는가

새들은 나뭇가지 위에서 잠들고
숙연해진 채 서 있는
풀잎은 적막을 부른다

바람을 키우던 숲도
문턱을 지나는 개미들도
몸에 베인 측측한 비린내를 털어
숨고르기하고 있다

기웃대던 시간들
오롯이 두 손을 모으고 있다

달 속에서 이백을 보다

너는 술을 내어 취하고
나는 꿈을 베고 취하고
섣달 찬바람이
울타리 위에서
춤을 춰도
그 마음 위에서
춤을 춰도
그 마음 알지 못했다

달에 취해
달에 취해
눈물 하나 갖지 않고 떠났던
그 고운 시심이
오늘은 바람으로 나서고

고향 선 술집

고향 여수에 광무동을 생각해본다
젊은 날의 단골술집
하나가 떠오르기도 한다
비에 젖는 날에는 더 소란해지던 선술집
지나보면 추억이라 말하지만 그때는 왜 그리 절박하기만
했던지 시장으로 이여진 골목집엔 언제나 웃고
소리지르고 떠들썩했다
나는 그런 그들이 낯설기만 했다
무엇이 그리 아프기만 했던가
길을 찾지 못하고 떠돌던 아픔은 나에게만 있었던 것일까?
요즘도 가끔 꿈을 꾼다
몸서리치며 도망가고 싶었던 그 젊은 날의 순수한 꿈을 꾼다
지나버린 아픔이어서 소중한 걸까
비오는 날에는 그 골목집에 가 앉고 싶다
그때 그 주인누님이
보고싶다
비가 온다
잃어버린 순수를 애써 잊지 말라 이른다

종달새 2

저무는 해를 보며

낙담하고 앉아있는
내 어깨위로

종달새를 보기에는

너무 이른 봄이라고

잠에서 깨어난 시냇물이 알려주었다

두견새 울음소리

새벽녘 안개를 따라
두견새의 그리움도
구심리의 뜰아래로
슬픔인 양 내려셨다

피를 토해 운다는
그 진한 울음이
꽃으로 피어 나던 날

나는 보았다
슬픔만이 아닌 사랑으로
미소 짓는
두견화의 그 울음
그리움 또한
사랑어었나니
밤새 울어도
슬프지만은 않은
까닭어어라

구름의 향연

저 높은 하늘에
걸리어
그대 마음을 탐하는
저 구름들은
어디서 왔던가

바람타고
왔던가
바다가 보내서 왔던가

저녁노을에 곱게
단장을 한
저 구름들
그대 마음속에서
자라던 꿈들이
이제
막 날개를 달고

산을 넘고 들을 건너서
하늘에 닿아
춤을 추고 향연을 즐기고 있다

2부

청보리밭

넓은 초원에 펼쳐진 푸른 물결
사랑의 속삭임을으로 밀려온다
은빛 푸른 청보리 바다
억조창생의 환생인가
창조주의 자비의 물결인가

보릿고개 어린 옛 시절
희망의 화신 청보리
만인의 마음을 불러온다

황톳빛 붉은 대지
소복한 눈 융단 덮어쓰고
고통을 승화시켜
푸른 청보리로 탄생했네
저녁놀 금빛 햇살 수놓은
푸른 비단물결
청보리 황홀하다

여름

매미의 울음을 따라

너도 울고 있더나

하지만 그 매미 지금

사랑노래 부르는 거란다

새 울음소리

간밤 비 내린 들녘에 새울음 낭자하다
여름밤을 보낸
새들은 꿈을 꾼다

염려되는 것은
질편한 황토밭의 꿈이었거나
아직도 담을 기웃거리는
내 가녀린 꿈이었는지지도 모른다

아니면 새들의 울음 소리 묵고 묵어 목쉰
내 기억의 저 안쪽에서 울고 있어
나만 듣고 있는지도
모른다

7월의 꿈

6월의 꿈이
행복 했다면
그대
6월에 꿈을 꾸시게
그러나 말일세

7월의 꿈이
뜨거운 태양아래 놓아
지치고 힘들어해도
7월의 꿈을
아주 모른 체하지는
마시게

그대는 이미
7월에 있으므로

7월의 작별

빈손으로 떠나고 말걸
그렇게 요란을 떨었던가

아직 인사도 마치지 못한
해바라기의 속내는 어쩌라고
그렇게 떠나려 하시는가

잘 여문 씻앗 속
인사는 남겨두고

7월은 그렇게 떠나고
8월이 화사한 웃으을 안고
코스모스 위로 내려섰다

연못

너를 탐하던 하늘마저
네 안으로 익사하는
그 슬픈 한낮에도
오롯이 고개를 빼고 앉은

정말이지 이제는
인사를 멈추지 말추어야지 하지만
다시 너 곁에 서고 마는
저 여린 물잠자리

반가운 품을 내어보지만
언제나 너는 차갑기만 했다

차마 돌아서지 못하고 네게 사랑을 구걸하지만
이미 해는 서산을 넘고
아 밤마저 갖지 못하는

이 비애

바람 춤

비 개인 오후나절
들에 나선다
허수아비인양 양팔을 벌린다

내게 온 바람이
다시 나를 떠난다
저녁노을에 취한
바람이다

춤을 춘다
더 이상 바라지 않아도 좋은
허수아비와 바람의 춤이다

바람이 떠난 자리
춤이 끝난 자리
너의 노래 소리 들린다
아직도 나는 너를
안고 있었다

장마

그대 손잡고
하늘로 오르던 날
천지에 날리던
연분홍 살 냄새

차마 보지 못해
눈을 감고
여수로 가던 날

떠나는 것은
고향에 가는 것은
그대 눈에 어리던
빗방울들

긴 한 숨 속
여름이면 내게로
오는
그대의 잠들지 못하는 눈빛

구름

나는 본래
풀잎에 매달린 이슬이었나니
하늘에 올라있다
그리 놀란 일은 아니다
네게 가만 이루노니
그 구름이 어느 날
다시 꽃 속에 앉아
너를 보기만할 것이다

네가 그리운 것은

원래 혼자였으면
그립지도 않아
지나온 세월에 흔적을
남기지 않으려면
지금에 당신을 떠울릴 추억도
없어
우린 함께였기에
그립고 기억한다
호을 ~~

아가야 꽃을 보렴

내 마음속 눈물을 데리고
너를 만나러 가는
길
네가 없어도
피기를 멈추지 않는
꽃들을 보며

그 먼 길을 떠나면
이 아비를 두고 잊으려 했더냐고
꿈길을 걷듯 너에게
야속한 마음을 내어 묻고 있었다

네가 없던 그 시절
꽃마저 보이지 않더니
이제는 들의 꽃이
내게로 오는구나

그 오랜 세월을 두고도
가슴에 남아있는
너의 미소를 내어
이제는 내 어둠이 아닌
꽃에게서 너를 보리라

가을

어쩌면
나 돌아갈 길을 위해
이렇게 걷고 있는 것을
태산에 오를 걱정으로
잠 못 이루는 그대를 두고
나는 오늘도 구름에 오르네
그대와 태산을 함께 오르지 못해서
이 가을 길을 혼자
떠나네

국화

달 하나
고개를 넘던 밤
너는
달을 보고 울었다 했다

그런 너를 보며
무서리 속 국화는
그건 달이 아니라
이른다

아직도 울 일이 남았다면
국화마저 알지 못하도록
그대
불을 끄고 울어라

갈잎 과 달빛

입동 끝
떨어지는 낙엽
얼굴을 묻은 달빛을
두고

내일은 또
얼마나 많은 서리가
오려나
잠 못 이루는 밤

여름 한철 푸르던 날
네 꿈을 위하여
갈잎에 이름을 적던
어리석음을 대신하여

바람이 울고가네
바람만 울고가네

동지 밤에 고양이 울고 갔다

동지 밤
철 잊은 빗속으로
마을 입구 외등
하나
긴 밤에 지쳐
졸고 있다

세수하러 떠난 사랑은
밤새 오지 않았다
동지 밤
고양이만 울고 갔다

대숲에 서면

잎이 항상 푸른 대나무들
나를 경건하게 한다
잎새가 무성하면
어려운 세월의 그늘
광주리에 담고
내 가슴 속 깊이
삶의 향기를
불어주는 바람
바람이 부는 날은
잎새 사이 울음을 실었다

그 푸른 잎새에다
삶의 일기를 적어
개울물 한 가닥
하늘 위로 흐르는
푸른 꿈
내 마음속
댓잎 하나씩 지니고 산다

별빛

밤하늘에 별들의 아득히
보이는 것은
아직 내 마음에 담을 수
없기 때문입니다

밤하늘에 별들이 아주 작게
느껴지는 것은
내가 아직 그대를 사랑할 수
없기 때문입니다

밤하늘에 별들이 아릅답게
보이는 것은
아직 그대를 사랑할 수 있다는 희망이
있기 때문입니다

밤 하늘 별을 보고 행복하다
느껴지면 내가 당신을
사랑하고 있기 때문입니다

바람 불어도
바람은 누구에게나 있다그 바람을 보이지 않을
뿐이지만

어떤 이는 그 바람에 울고
어떤 이는 그 바람에 웃고
오늘도 바람은
어딘가 스쳐 지나간다

다만 내 눈에 보이지 않을 뿐이다

노을

끝은 또 다른 시작이라
말하면서도 파도는
지는 태양을 바라보며
아프기 시작했다

다시 내일이 온다는데도
파도는 믿으려 하지
않았다

붉게 물들어 다시 내일이
온다고 해도 파도는
믿으려 하지 않았다

이젠 어쩐다 이미 하늘마저
붉게 물 들었는데
내 가슴에 찾아든
바람마저 물들었는데

구봉산

구봉산 산마루에
아침햇살 부서지면
바람 소리 새소리
물소리에 머물곳이 여

한산사 처마위에
앉아있는 외로운 새 한마리
훼이 훼이 훼이 너는 알겠지

구봉산 구봉산아
님이여 사랑이여
못다 핀 꽃이여

구봉산 산 기슭에
아침햇살 부서지면
바람소리 새소리 물소리에 머물곳이여

장군도 돌 아가는 연락선에 앉아
있는 외로운 물새
한 마리
훼이 훼이 훼이 너는 알겠지
장군도 장군도야
님이여 사랑이여
못 다핀 꽃이여
여름날의 추억

한여름 세상 떠나가라 울다가
분수대 물줄기 멈추듯
일시에 그치는 매미소리

그 여름날 저무는 들길
아스라이 멀어지는 매미소리
문득 생간나는 인생
이란 두 글자

봉숭아 서신

해바라기의 발걸음 소리에
고개를 빼고 서있던
담 아래 붉은 봉숭아들

뭉게구름 내려서던
앞산을 바라보며
그립다
사랑한다
편지를 써보지만
당신은 아시나요?
내 끝나지 않은 그리움을
어머니!

비와 당신

쏟아지는 그리움에
당신을 담근다

어느 해 내 맘은
당신으로 행복이었는데

또 어느 해 내 몸은
당신으로 젖어 있었는데

어느 날 낙엽은 지고
바람에 실려 가는 것 같아

또 어느 날 그 향기 남기고 간
추억의 한 페이지같이

어느덧 당신은
내겐 비가 오면 그리움이 되어 있네요

나는 어디에 있나

나는 지금 어디에
무엇을 보고 있느냐

그래서 무엇을 느끼고 있느냐

바다를 바로보는 것은
수평선처럼 아득히
누군가
그리워한다는 것은
솔처럼 푸르게 살라는 것이고

하늘을 올려다본다는 것
큰 뜻을 품으라는 것이다

꽃의 노래

거기 그 자리
너는
언제나 꽃이었다

보아주지 않는다고
불러주지 않는다고
꽃이 아닌 것은 아니었다

그대 또 한
거기 그 자리
언제나 내 사랑이었다

3부

간밤의 장맛비

이 빗소리
천지의 목마름에
그대 갈증이 심했으니
이제 춤이라도 추겠는가

행여 시늉만하고 떠난다고
서운해 마시게
그대는 몸을 풀지는 못했지만
섬돌 밑 풀꽃 하나는 이미
미소를 내었다네

그래도 서운함은 남거든
그대 서운함 달래며
매미소리 높아진 하늘에
기도나 드려보시게

새벽엔 달이 울었다

소쩍새 울음소리 따라 노닐던
부질없는 사랑마저 묻어두라고
새벽
닭이 울었다

잠 못 이루던 걸망들
다 벗어놓으라고
새벽
닭이 울었다

어쩌면
산다는 것이
이 울음 하나만도
못하던 것을
나는 오늘도 길을 나선다

세월

어느 날엔가는 잊힐 것이다
사랑하는 내 얼굴마저
비 내린 창가에
눈물인양 흐르던 날처럼

눈을 감아도
잊지 않으리란 그 맹세
아직도 네 머리맡에
가지런히 놓여 있는데

어느 날엔가는 잊힐 것이다
사랑했던 기억마저
내 어머니가 잃어버렸던 그 세월처럼

청실홍실

그대는 나의 사랑
나의 기쁨 나의 운명
잔잔한 내 가슴에
봄처럼 다가왔지

많고 많은 사람 중에
오직 한 사람
우리 만남은
하늘이 정해준 선물

애틋한 사랑
하늘에 닿아
하늘도 축복하네

동화 같은 아름다운 사랑
향기로 꽃을 피워
햇살처럼 온 누리를
맑고 밝게 비추리라

향이 좋은 차 한 잔

창 넓은 찻집에 앉아
향이 좋은
차 한 잔을 마시며
기댈 수 있는 사람이 그리운 날

굳게 닫혀 있던
가슴을 열고
고이 감춰온 말을
하고 싶은 사람
그런 사람 꼭 한 사람 있었으면
좋겠습니다

외로웠던 기억을 말하면
내가 곁에 있을께
하는 사람

이별을 말하면
이슬고인 눈으로
보아주는 사람

희망을 말하면
꿈에 젖어 행복해 하는 사람
난 이런 사람이 꼭 곁에 있으면 좋겠다

백련사 연꽃

달빛 스민
백련사 하얀 안개 사이

곱게 빗은 옷깃
바람에 흩날리며
두루 살피는
그 눈빛 찬연해라

환희심 꽃들은 너울너울
춤추고 꽃비로 가득한
온 누리 축복

밤 속
넉넉함을 누리는 지혜
억겁 전에 맺어진
자비의 인연

광명의 등
밝히고 지혜 등불
켜니
상서로운 그 빛
향기로 두루 해라

아~~ 벅찬 환희
우주 법계 연화세계
오색 광명 비추는
천 만 송이 꽃

달빛 금관 쓰고
바람처럼 나타나셨네

여수 아리랑

한려수도 천년의 바다 물결
오동도 동백이 얼굴에 비친다
장군도 푸른 섬
파도에 먹물을 갈아
세상 노래 짓는데
서교 한 수 읊는다

아리랑 아리랑 아라리오
아리랑 고개로 날 넘겨주소
비가 오려나
천둥 번개 치려나
구봉산에 먹구름만
몰려든다

아리랑 아리랑 아라리오
아리랑 고개로 날 남
넘겨주오
여수 종고산 기슭에는

선학 놀이 한창인데
당신의 볕뉘 받은 날
하늘 걷힐 날 없네

칠월의 작별

빈손으로 떠나고 말걸
그렇게 요란을 떨어던가

해바라기의 속내는 어쩌라고
그렇게 떠나려 하시는가

잘 여문 옥수수 처럼
인사는 남겨두라고
아쉬움도 남겨 두라고

7월은 그렇게. 떠나고
8월이 화사한 웃음을 안고
코스모스 위로 내려섰다

바람꽃

도곡들을 건너와
너를 만나는 자리
너의 이름이 궁금했다

어디서 온 걸까?
몇 해를 이곳에서 있었을까?
누구를 사랑했던 것일까?

네 앞에 쪼그려 앉아
묻고 또 묻는 내게
너는 미소만 내어줄 뿐

저녁 나절
노을이 나를 데리러 올 때어야
나는 할 수 있었다

바람은
꽃의 이름을 묻지않는다는 것을

그런 날들은 술을 마셔야 했다

창가에 부딪는 바람만이
내 마음 얹혀
함께 울어주던 날
살아간다는 것이
꼭 사랑이기만 하더냐고
화사한 웃음 접어들고
떠나던 그녀의 뒤로
어둠이 내게로 왔다

많은 시간들이
지나는 자리로
또 꽃이 그렇게 피었다
서산의 노을을 바라보며
붉게 타오르는 것은
슬픔이 아니라고
애써 눈물을 감추는
그런 날은
술을 마셔야했다

산 따라 물소리 따라

별아 그 소리 잊고 살아왔음이
잊고 살아옴조차
까마득히
망각해버린 내고단한 삶이여
하찮은 사고

새벽의 미명을 딛고
달려오는 아스란한 소리
아무도 멈추지 못하는 그 소리

그 소리 머리맡에 끼워두고
잠 못 이루던 숨바꼭질
깊고 깊은 골짜기 어디인지
모르는 먼 곳에서
처음으로 시작하는 소리
그 물소리
꽃봉우리 피멍으로
가슴 부플리는 소리

풍경

여름내 흘린 땀으로 배를 띄우듯 남실남실 까부르면

껍데기는 바람 따라 날아가고
가슴에 박힌 잡념도 빼 버리고
오롯이 남은 금싸라기 햇살
먼저 살다간 얼굴 모르는 피붙이 몫으로
가슴에 넣어둔다

바다도 한 번씩 뒤집어져 저를 갈아엎듯
답답한 세상살이 엎어버리고 싶은
마음 누르고
다시 논바닥으로 나가는 바쁜 발걸음

바람이 구름을 까불러 목화솜으로
부풀리듯
채워도 채워도 허기진 뱃구레도 부풀리고 싶은 계절

허수아비도 이삭을 줍는다

섬진강에 여름

하동 화개장터
아래
하구를 거스르던
그 많은 은어들의 노래가
빗물에 씻기어가던
그 오후

결코 오지 않을 이별을 위해
눈물을 준비하는
시인에게
더러는 낡아버린
어린 날의 미소는 어떤 것이었던가

가노라
가노라 말하던
길가의 그 많은 꽃들이
너를 향해 웃었다

입추

바람이 없다한들
그대 오는 길 무슨 염려던가
길가에 핀 깨꽃만 보시고 오시게

그대 내게로 오시게
이깟 더위쯤이야
길을 막지는 못할 것이네

한바탕 비구름이 나서
그대를 막아서지든
가벼운 눈웃음이나
남기고 오시게

그대 내게로 오시게
그믐밤의 어둠이 나
몰라라 해도
나 그대 반기리니
그대 내게로 오시게

4부

가을 길을 나서다

이 가을 혼자 길을 떠난다

나 돌아갈 길을 위해
이렇게 걷고 있는 것을

태산에 오를 걱정으로
잠 못 이루는 그대를 두고
나는 오늘도 구름에 오르네

그대와 태산을 함께 오르지 못해서
미안하네

이 가을 길을 혼자 떠나서

구절초 향기 찾아서

비오는 날에는
그리움마저 놓아두고
강가로 나서야한다
낙엽송 사이로 흐르는
강물들을 따라
낡은 수첩 속의
구절초 향만을 안고
강가로 나서야 한다

네가 있던 그 자리
바다로 떠나던 자리
아직도 멈춰선
낡은 시간들만 데리고
비 오는 날에는
사랑마저 잠재워 두고
강가로 나서야 한다

구절초 향기를 따라

꽃의 이야기

차마 나를 두고
떠나신다는 말씀은
마시게

어디에 가시든 나만한
미소야 없겠는가만
내게 있던
자잘한 세월까지야 있겠는가

훈풍에 자지러지는
웃음도 있겠지만
그대 신발을 닦아내던
내 마음만 하겠는가

차마 나를 두고
떠나시겠다는 말씀만은 마시게

연못에서

반가운 인사를 나누어 보지만
언제나 너는 차갑기만 하다
너를 탐하던 하늘마저
네 안으로 익사하는
그 슬픈 한낮에도
오롯이 고개를 빼고 앉은

정말이지 이제는
인사를 멈추어야지
하지만
다시 너 곁에 서고 마는
저 여린 물잠자리
차마 돌아서지 못하고
다시 내게 사랑을 구걸하지만
이미 해는 서산을 넘고
아 밤마저 갖지 못하는

이(비애)

한산사의 가을

어느덧 변해 가는
연 잎새들 사이로
분칠한 여유
세워로
가늠하기 초라한
모습

한산사의 정적을 깨우고
심장 박동 소리
숨을 멎게 하는구나

이강산 산 자락에 우뚝선 한산사
세상 끝자락에 서성이는
내 모습 이구나

가을 민들레 피다

잊으라 했건만
어이 있겠는가
그대 떠나고 난 자리에 돋는
민들레꽃을 놓아두고

그 꽃 지는 어느 날
나도 질 거라 말하지는 못하지만
그대 이마에 돋는
작은 눈물은 보려니

그대 떠난 그 자리
하얗게 피는 민들레마저
거두어들이지는 마시게
아직 떠나지 못하는 내 마음이니

하나의 시론

다 가지려하지 마시게
얼마쯤은 남겨두고
가야
되돌아올 이유가
되어주기도 하나

다 말하려하지 마시게
고운 시어 하나쯤
남겨두어야
별을 보고 웃을 수 있을 테니까

오늘도 부지런 떨며
나서는 길
시를 쓰는 게 짐이라면
소금 짐 벗듯
냇물에 흘려 보내시게

어떤 날은 그냥 있는 것만으로
시가 되기도 하려니
산다는 것보다
더 큰
시가 어디 있겠나

늙은 시인의 노래

나 언젠가는 돌아가리라
내 유년의 저
자유로운 꿈을 찾아서

밤새 내리던 비처럼
뼈 속 깊이 찾아드는
외로움의 한기 놓아두고

그깟 뻐꾸기 울음소리에
눈물이나 놓아두는
이 못난 비애도 놓아두고

나 다시 돌아가리라
내 어린 날의 저 푸른
바다를 찾으러

성불사 예불

성불사 어둠이 내리면
북소리에 마추어
삼라만상의 업보를
다투어 제자리로
가는가

새들은 나뭇가지 위에서 잠들고
숙연해진 채 서 있는
풀잎은 적막을 부른다

바람을 키우던 숲도
문턱을 지나는 개미들도
몸에 배인 측측한
비린내를 털어
숨고르기하고 있다

기웃대던 시간들
오롯이 두 손을 모으고 있다

사막의 밤

하얀 밤에
별이 내리고
굽은 등을 들썩이며
낙타는 밤새 울었다

사막의 밤
어머니는 거기
외로움으로
별을 세고
나는 그리움으로
울고 만다

나의 어머니는 그렇게
멀리까지 와 계셨다

너 안에 나 있었다

누군가 일렀다
그대는 다시 태어난다고
꽃으로
나무로

길을 가다 마주치는
작은 꽃 하나
그대를 보며 미소 짓는 것을
애써 모른 척하지
말라

어느 날인가
내게 오던 그 꽃들의 미소가
또 너이기도 할 것을
무엇을 염려하랴

오늘도 해는 떠오르고
너는 또 미소를 지을 수 있다

가을 길을 걷다

나 돌아갈 길을 위해

이렇게 걷고 있는것을

태산에 오를 걱정으로

잠 못 이루는 그대를 두고

나는 오늘도 구름에 오르네

그대와 태산을 함께 오르지 못해서

이 가을 길을 혼자 떠나서

갈대밭

순천만 갈대밭
갈바람이 분다
몸은 흔들거리며 나부낀다
바시락거리는 소리가
순천만에 울림을 준다
하늘을 본다
파아란 하늘바다
바람꽃과 함께 가고 있다
온몸으로 소리를 지른다
비틀거리면서
갈바람이 분다
순천만 갈대밭에

향일암에서

서둘지 않고 천천히 계단을 내려간다
눈부시게 아름다운 바닷가 풍경들
나를 감싸 안는다
보고픔으로 간절히

겹겹 층층의 암벽
떡시루 같은 바윗돌
한 층 한 층이 색다르다

파도는 숨을 쉰다
이별이란다
물거품이 그냥 가 버린다

향일암 바닷가
짠내음 가득
파도에 부딪히는
멍자국마다
아픔이 있다

파도소리에
내 발자국 소리도
그 흔적에 바다에 흘러보낸다

달빛 한옥마을

도도한 하늘 아래
산길 따라
다양한 멋 풍기는
녹차밭 물결 위로
떠오르는
나만의 이야기꽃
도란도란

다양한 색깔의 사람들
여기에 모인다

아름다운 피어 어우러져
뜨락 앞 문패 소박한 이름표
달고 마실길 나선다
두둥실 떠오른
월출산 천황봉
달 그림자
신발에 가득 찰 때

푸짐한 상차림 둘러앉아
볼 터질 상추쌈에
풋고추 바구니의 익살스런 정경 바라보며
이 밤 끝자락에 낭만 피워 본다

가을에 핀 그대는 예쁜 꽃

밤새도록
이슬 내리고
밭고랑에서
피워 오른 입김
밤새 서성이고

한 송이 꽃은
몸살을 앓고
기지개를 핀다

진한 향기 어우러져
수줍은 꽃봉우리들
새록새록 피어 오른다
꽃잎들도 유효 기간이 있다
노란 구름 타고 걸어간다
국화꽃 향기가 석양을 삼킨다

그 곁에 당신의 향기가 난다

가을 비

가을 비 낙엽을 밟으며 오네
지난 가을에 있었던
추억
보에 싸서 이제 다시금 가지고 오네

뜨거운 눈물 글썽이며 떠나가
소식이 끊어진 허허벌판
눈물은 그렇게 차갑게 식어서 내리네

가을비여 허공의 눈동자여
그간 어디에 있다가 이렇게
슬픔으로 다가오는
것이냐

이승에서는 세월이 서럽고
하늘엔 영겁의 망각이 사무쳐
저렇게 마른 나뭇가지를
후줄근히 적시는구나

이제는 몸을 감추고
구름 속에 머물더니
오늘은 이렇게 통곡처럼
천둥을 몰고 와
하염없이 눈물을 흘리는 구나

가을비는 먼 길 걸어온
발자국 소리 기다림속
내 가슴 속으로 찾아든
반가운 손님이다

그리움

곁에 있다고
그립지 않은 것은 아니다
사랑은 그렇게 곁에 두고도
그립기만 한 모양이다

그리움은
그리움만으로도
행복하여
오늘도 날로 커가는
너를
가만 안아볼 따름이다

내 사랑 호

잠에서 깬 새벽녘에
가만 당신을 바라본다

너는 내게 무엇이었을까
한참을 생각해본다

이제는
내가 너에게 무엇인가을 생각한다

바람소리 여전한데
꽃잎은 또 얼마나 떨고 있을까

너의 가여운 입술에
차마 입맞춤하지 못하고
나는 돌아서 눕고 말았다

너는
나는 무엇이었을까?

간밤에 별이 되었다네

사랑하는 이여!
간밤에 나는 별이
되어 있었다네
그대 창가에
머무르기 위해

그 많은
풀 벌레들의
노래에
행여 나를 잊을까
그대 꿈속에
들어서기 위해

살포시 웃어주는
그대 미소에
이슬에 젖는 것쯤
아무 일도 아니어

나는 오늘도 별이 되어
그대에게 머물
것이라네

내 사랑하는 이여!

행복

난 웃었네
달빛 아래 드러난
부드러운 산허리를 보며
그대와 함께
같은 꿈을 꾸는 게 좋아

난 웃었네
천지에 온통 꽃뿐인
그 가을날의 달빛 아래
그대와 함께
산다는 것이 좋아

난 웃고 말았네
당신의 미소를 생각하며

가을엔 이별을 두고

안개가 깊다
홀로 가는 달이 외롭다
백양사 애기단풍이
잠시 가던 걸음을 멈춘다
잘 가라고 배웅을 하고 나서는 내게
아직도 이르고 싶은 말이 남은 거다

아무 말도 하지말자고
이 가을엔 그냥 말없이 떠나보내자고
눈짓 하나도 없이 떠나보내자고 일렀거만
애기단풍마저
오백 년을 살아온 백양사 애기단풍마저
아직도 그러지 못하는 모양이다

길을 가다 멈춘 애기단풍처럼
가을엔 아주 가끔은
이별을 두고
뒤돌아보기도 해야 하는 모양이다.

꽃아 가을꽃아

밤이 그대의 슬픔 때문에
오는 것은 아니었나니
너를 외면하는 나비를 두고
아파하지 말아라
그 밤 지나고 나면
떠나는 나비 또한
그대 사랑 아니었음을
알게 되려니

길 따라 나서는
그 세월만큼이나 야속한 마음
어쩌지 못하는 것을
부끄러워하지도
말라
너만큼이나
홀로 사랑이 아파
하나님도 가끔은
몰래 우시기도 한단다

편백 숲길에서

편백나무 가지런한
그 숲길을 걸어오느냐

누군가는 그 숲에서
하늘빛 노래를 들었다는데
왜 내게는 들리지 않는 것일까?

누군가는 그 편백 숲에서
파랑새를 보았다는데
왜 내게는 보이지 않는 것일까?

누군가는 그 숲에서
붉은빛 사랑도 찾았다는데
나는 왜 찾지 못한 것일까?

자꾸만 묻는 내 말 자락에
숲은 이미
나를 버려두기로 한 모양이다

편백나무들을 두고도
혼자 걸었던
나는 지쳐 있었다

가을엔 하루쯤

가을엔 하루쯤
잠들지 않아도 좋습니다
붉게 물드는 나무잎들을 두고
그 나뭇잎들을 바라보는 별들을 두고
홀로 잠든다는것은
부끄러움인 까닭입니다

홀로 잠드는 밤이 외로울까
봄,여름 파란 마음을 내어 안아주던
그 나뭇잎들이
이별을 두고 붉어지던 것을
모른 척 잠드는 것 또한
부끄러움이기 때문입니다

그 많은 별을 두고도 떠나야 하는
아픈 이별을 위해
가을엔 하루쯤 그대의 붉은 사랑마저
감추어 두는 게 좋습니다.

어떤 이별

좋다 다시는
너를 부르지 않으리라
돌아서는 너에게
눈물로 다짐을 한다

그러나
사랑이라는 것은
뜨거운 가슴이어서
내 머리로는 어쩌지 못해

홀로 남은 그 자리
음악이 끝나기도 전에
나는 너를 찾고 있었다

붉은 가을
그 카페에 들어서 나를 보고

풍경

여름 내 흘린 땀으로 배를 띄우듯 남실남실 까부르면
껍데기는 바람 따라 날아가고
가슴에 박힌 잡념도
빼 버리고
오롯이 남은 금싸라기 햇살
먼저 살다간 얼굴 모르는 피붙이 몫으로
가슴에 넣어둔다

바다도 한 번씩 뒤집어져 저를 갈아엎듯
답답한 세상살이 엎어버리고 싶은
마음 누르고
다시 논바닥으로 나가는 바쁜 발걸음

바람이 구름을 까불러 목화솜으로
부풀리듯
채워도 채워도 허기진 뱃구레도 부풀리고 싶은 계절

허수아비도 이삭을 줍는다

그게 이별이야

많은 사람들이 내게로 왔다
또 떠나갔다
마당의 꽃들도 많은 사람들의 숫자보다 더 많이 찾아
왔다 떠나간다

어떤 날은 별들의 무리에서 떨어져 나와 낯선 지구로
여행을 떠나오는 유성을 보기도 해야 했다 그보다 바람은
무시로 내게 왔다 떠나가곤 했다

그렇게 많은 것들이 떠나갔는데도 여전히 이 땅은
절망적이지 않고 희망에 차 있어 새들은 여전희 노래하고
있었다

나는 새로 내게 오는 것을 보지 못하고 떠난 것만을 보고
있었다 이제 낡은 일기장을 덥고 나도 다시 내 곁에 서는
꽃을 보고 바람을 두고 노래를 해야 하리라
내게 떠났어도 사랑마저 떠난 것은 아니기에.

코스모스

청자빛 가을하늘 아래
코스모스처럼 잘 아우르는
창조한 꽃들이 또 어디 있을까!

가느다란 허리 하늘거리는
살랑대니 덩달아 한들한들
분홍빛에 물드나니

실바람에 연신 나부끼는
고혹의 자태
핑크빛 판탄지
뭇사람도 설레네

난 황룡강 코스모스 길 따라
젊은 날의 열정을 되새기며
나이도 잊은 채
시인은 코스모스 피어 있는
꽃길에 서성이네

여명의 등불

저 멀리 동녘 하늘
어둠을 헤쳐가며
치솟은 붉은 태양
환희다 희망이다

어둠을 깨뜨리고
여명의 등불 깨어나다

동틀 녘 새벽 미명
홀로 일어나서
어둠을 뒤로한 채
한걸음 또 한걸음
여명의 불빛을 향해
우리 함께 달려가자

목숨값

백담사 올라가는
찻비가 2500원
너무 비싸다고
투덜거린다

숨 가쁘게 올라가는 그 버스 안에서
내 목숨값치고는 너무 작다고
눈을 다시 부릅뜬다

가끔은 모질어 보기도 하라고해서 언제나 둥근 척 그렇게
엎드려있지만 말고
가끔은 모나게 굴어도 보라고 성화를 부리는 친구가
있었지 그런데도 나는 도통 각을 잡을 수가 없었으니
아마 배냇병신이었는지도 모를 일이지

정말 나도 살아오면서 어떤 날은 화가 나서 하늘
어디쯤으로
사라져버릴뻔도 하고 어느 날은 원통해서 바다 어디쯤

코를 잡고
묻혀버리고 싶기도 했었지

알 수가 없어 그 많던 원성과 그 많던 토악질 나던
일들이 모두 어디로 가버리고
이렇게 물인 듯. 술인듯 앉아 있는 건지

아마 나도 몰래 세월이란 놈이 혼자 나서서 모든
인연들에게 화해를 하고 용서를 하고 다녔던 것이지
바보 같아도 참 편하기는 해

애기단풍

애기단풍 작은 손
곱게도 물들어 갑니다
그대 가슴에 남겨둔
내 사랑도 곱게 물들어 갑니다
사랑한다는 것
이 가을처럼 부끄러움 없이
물들고 또 스스럼없이
벗을 수 있어 높은 하늘
만날 수 있는 겁입니다

아침이면 내게 오던
그대의 미소
이 가을엔 더욱
큰 노래로 옵니다
겨울을 염려하지 않고
이 가을을 안겠습니다
내 사랑하는 이여!
현호 사랑합니다

오랜 이별을 위한 노래

몰래 꿈꾸다 만 유성처럼 내게 왔다
작은 나뭇가지에 얹힌 계절의
부화하지 못한 뻐꾸기 알이
슬픔도 모른 채
어미의 노래를 찾아 떠나던 그 밤에
내게 왔다

어차피 한 번은 떠나야 할 일
네가 꿈에서 아직
깨어나지 않은 밤에 와준 것만으로
위안을 삼으며
나는
차가운 나 혼자만의 입맞춤을 남기며
나비라도 되어 훨훨 따라나서야 했지만
자꾸만 자꾸만 젖어가는
내 날개의 무게를 견디지 못한다

이 밤
먼데 개 짖는 소리에 뒤돌아보지만
그대는 곤한 잠에서 깨어나지 못하고
떠나는 것은
언제나 혼자이어야만 했다.

별이 되어

내 꿈은
달이 아닌
별이 되는
일이었다

누군가에게 길을 내어주고
누군가에게 춤을 추게 하는
달이 되는 일이 아니라

별이 되어
별이 되어
숨죽인 밤하늘에 홀로
그대를 바라보는 일이었다

사랑 한다는 것은
가끔은 몰래
바라보는 일이기도 해서

눈 덮인 겨울엔 하나되리라

겨울이면
검은 수염들 사이로
턱밑 흉터들이 붉어지고
산허리쯤의 진달래 속마음도
붉어 붉어지고
그립다 지친 그리움은
붉다 붉다 눈물 흘리고

아 우리는 언제쯤
네 마음 놓아두고
내 마음 놓아두고
저 설원에 누워
푸른 하늘을 볼까나
겨울이면
눈이 내리면
이 붉음 다 놓아두고
너에게로 가서 하나가 되고 싶다

5부

사랑은

나는 누구일까?
바람 끝에 서서
별에게 묻자
별들이 사라졌다
이내 내가 서 있던 자리의
바람마저 사라졌다
어떤 날은
별을 보기 좋은 날은 더욱
나를 놓아두고 가야만 했다
별을 보고 바람을 타고
그냥 네게 가야만 했다

사랑은
네가 누구인가 묻지도 않고
또 내가 누구인가
따지지 않아도 되던 것을
오늘도 바보처럼
또 묻고 만다

네 마음 단풍 물드면

아무도 말해주지 않았어
그대 또한 말하지 않았어
이 가을 오면
네 마음 붉어져
저 산마저 붉히리라는 것을

가도가도 푸르기만 하리라
하늘만 보며 올리던 기도마저 붉어도 너무 붉은
네 마음에 취해
무릎을 베고 누우리라는 것을

내게는 말을 해 주었어야 했어
이 □ 가을 오면
붉게 물든 네 가슴도
홀로 떨어져 내리리라는 것을

그대 못다 이룬 사랑을 두고
몰래 떨어져 내리리라는 것을

고령

대가야가 남긴 발자취
고령
낙동강 일대를 호령했던 대 가야를 있는 고장
경북 고령
산과 강을 맴돌며
그윽한 가을을 만끽한다

이땅에서 번영을 누리다 스러진 왕국을 찾아 나섰다
수많은 이야기를 품은
고분 사이를 지나며
걸음을 재촉한다

수백 년 전 융성했던 나라의 흔적이 바로 눈앞에 있다
쉬이
시선을 뗄 수 없어
무늬 하나까지 꼼꼼히 훑는다

산능성이에 늘어선 고분과 고령 시내가 동시에 담기는
광경을 보니 깨달음이 밀려온다
삶과 죽으은 맞닿아 있다

출토된 유물들은
지산동 고분군 바로 아래 개관한 대 가야 박물관에서
마주한다
2층 규모 건물에 구석기시대부터
근대에 이르기까지 고령 땅의 역사를 세세하게 다루었다
경주 금령총에서 발견된 금관과 금방울 ,금허리띠가
국립중앙박물관 소속과 국립박불관 보관 전시중이다

참새처럼

똘복이에게 아침 밥을 준다
간밤에 허기에
몹시 게걸스럽다

산다는 것이 어쩜
그런 것인지도 몰라

눈을 감고 앉아
옛 스승의 생각이나 꺼내어
읽고 또 읽는 내 일상보다는

풀씨 하나를 물고
구애중 열중인 저 참새처럼
그렇게 살아가야 하는 것인지도 몰라

꿈에서 깨어나다

어느새 네가 다녀갔구나
헛된 꿈을 꾸느랴
네가 오는 것도 몰랐으니
항차 이일을 어찌할꼬

가랑잎 구르는 소리를 듣노라
어느새 가버린 내 인생이여
아궁이에 불은
또 어느새 지필꼬

가을 지나 겨울바람만 모질게 분다

고향 그리고 현호

아직 꿈꾸지 못한
저 산 넘머에는 누가 있을까?

바람을 타고 앉아 부르는
낡은 풍금의 노래와
하모니카양 입술을 간질이던 옥수수와
그리고 또 무엇이 있을까?

고향을 향하는 내 앞을 막고선
저 산 너머에는
아직도 아장아장 걷던
현호의 오랜 이야기들이 걷고 있을까?

물어도 대답 없는
저 구름만이
서산을 넘고.

거울

네 얼굴에 핀
검은 꽃이 아니라

아직도 붉기만 하여
가늠키 어려운
가슴 깊은 곳

내 사랑만 보일 수 있는
그런 거울 하나
있었으면

눈의 무게

눈이 내렸다
바람이 데려온 눈은
마당에 쌓이고
그대가 데려온 눈은
내 가슴에 그리움으로 쌓인다

지난겨울이 가던 날
마당에 쌓였던 눈들은
바람을 따라 떠났는데
내 마음에 쌓인 눈은 그대로였다
그 묵은 눈 위로
다시 눈이 쌓인다

눈물을 감춘 눈의 무게를
너는 알고 있던가?
그 무게 견디지 못하고
눈시울이 붉어진다

기다림과 행복의 언덕

행복이란 무엇일까
기다림이 있다는것
얼마나 감사한 일인가

아침에 태양을 기다리고
밤엔 별을 기다리는 것처럼

길옆 작은 수레에서
고구마를 굽는 소년이
손님 오기를 기다리는 동안
거리에는 캐롤송이
들려오면

가슴이 따뜻하지 않은가
그 날을 손꼽으며
내가 당신을 기다릴 수 있다면
그리움이 밀려오면 또
얼마나 가슴이 뜨거운 일인가

혼란하고 탁한 겨울
저녁이
무의미한 것이
아니고
서리 맞은 거물줄의 고독에
빛나는 면류관이
그리워 진다

겨울

겨울이 오는 길은 한동안 길을 잃은 바람 때문에
어수선하기만 했다
벼 그루터기에 갇힌물들이 살얼음을 내보이며 한 줌
햇살을 받아들일 때야 이제 겨울이라고 어수선한
바람에게 이를 수 있었다

이제야 겨울이라 말할 수 있는 것이 가을을 쉬이 놓고
싶지 않았던 모양이다
단풍나무의 잎들이 모두 떨어졌는데도 아직 떡깔나무에
매달린 잎들을 보며 가을이라고 믿고 싶었던 모양이다

겨울이라고 크게 달라진 것도 없다는 듯 텃새들은 오늘도
마당의 풀씨들마저
감추어질 것이라고
미리 염려하는 것은 내 마음이지 새들의 마음은 아니다

모두 그렇게 자연과 하나가 되어 살아가고 있는것 같다
그런데 사람인 너와나는 지나는 바람마저 어떤 날은

마음에 들지 않아 불만이다
나도 어떤 날은
사람이기를 거부하고 저 새들처럼 저 풀들처럼
그냥 그렇게 저절로 살아가고 싶다

사랑

부질없다
부질없다 하면서도
그대는 돌아왔다

꽃처럼 고운 봄날이 아니어도
가슴속에 숨어있던
그 붉은 꽃 하나 어쩌지 못하고
안개가 산 아래로 내려서는 해 질 녘

바람 하나 마중 나오지 않아도
그대는 돌아왔다
고향 처마에
아직 웅크리고 앉아있을 사랑
그놈 하나를 위해

나도 저절로 살아가고 싶다

산 절로
물 절로
그 안에 새들도
그 안에 꽃들도
다 절로 살아가는데

너는
나는
절로이지 못하고
애써 가꾸고 나서는구나

무엇이 있어
무엇이 되고자 하여
지나는 바람마저 바꾸려 하는가
어떤 날은 나도 절로이고 싶다

내 사랑과 함께

그대가 그리운 날에는
산에 오른다
터벅터벅 걸으며
골짜기 가로질러

말없이 그 자리에 서서
기다림으로 반겨 주는 나무들
낙엽 지는 산길 보니
유난히 많이 걸어왔다

길모퉁이 서서 흔들리는 있는 그림자를 본다
산마루에 꽃이 다시 피는날
내 나이 묻지 마라
마음의 청춘은
시들지 않으리

그 고은 빛 나눌 수 있는
내 사랑하는 사람 여기 있으니

소나기 그리움

시 김형철

소나기가 나를 적시면
소나기에 한 번 젖어보고
빗속을 걸어봅니다

바람이 나를 스칠 때
바람 속 거닐어봅니다

그리움이 나를 찾아오면
나는 그리움 속에 빠져
기억 속에 소나기를
맞이합니다

물망초 사랑

시인 김현철

스치는 바람결에
팔랑이는 초록 잎새
가녀린 줄기 따라
젖은 가슴 열어놓고
가신 님 기다리다 지쳐
눈물 젖은 물망초
고개 흔들흔들
손가락 세어가며
어느날 우리님은
날 찾아오시려나

호롱불 메달아 두고
밤을 세워 서성인다
초승달 내린 밤에
흐드러진 별빛 따라
고개를 떨군 채로
시린 가슴 열어두고
떠난 님 잊을 길 없어
한숨 짓는 물망초 사랑

실개천

시인 김현철

새벽을 깨우는
물소리 우렁차다
꽃잎을 터트리는
들꽃들 속삭임

풍경처럼
일어서는 실개천
살바람 향기따라
실개천 그곳에 가면

물안개 피어 오르는
은빛 안개 사이
이슬 젖은 숲길
꼬물대는 풀벌레

실개천
찬연한 하루치
행복이 있다

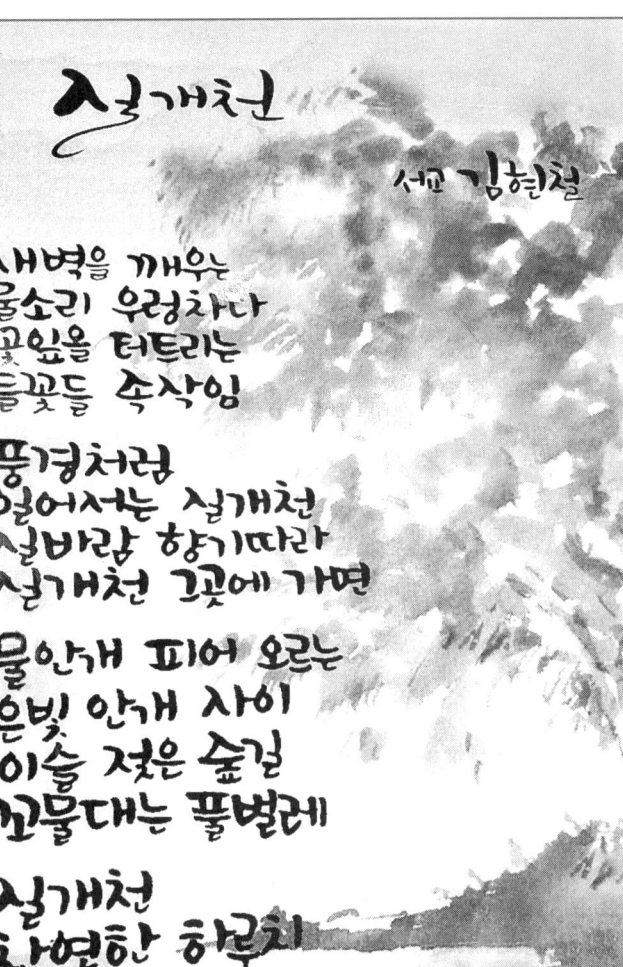

여수 밤바다
서교 김현철

눈부신 태양아래
그리많던 한포말
토해내더만
여수 밤바다 밤바다 찾아들면
별들도 갈매기도
잠재우고
혼자서 큰소리로 울부짖으며
더 짙은 어둠 속아 붓는다

파도에 실려온
서늘한 바람
어머니 젖내음을
비소 파고드는
처량함으로 다가와
물거품이 된다

억빛 바다에 묻고자 했더니
어찌하며
햇귀 돋을 때까지
자기 아픔을 파도에 실어와
이리 동그라미
파문을 던지는가
온몸 부딪혀 신음 토해내니

머리 끝까지 시린 절규를
뒤에 업히고 싶다고
철썩 철썩
파도 소리 여수 밤바다 흐려하고 있다

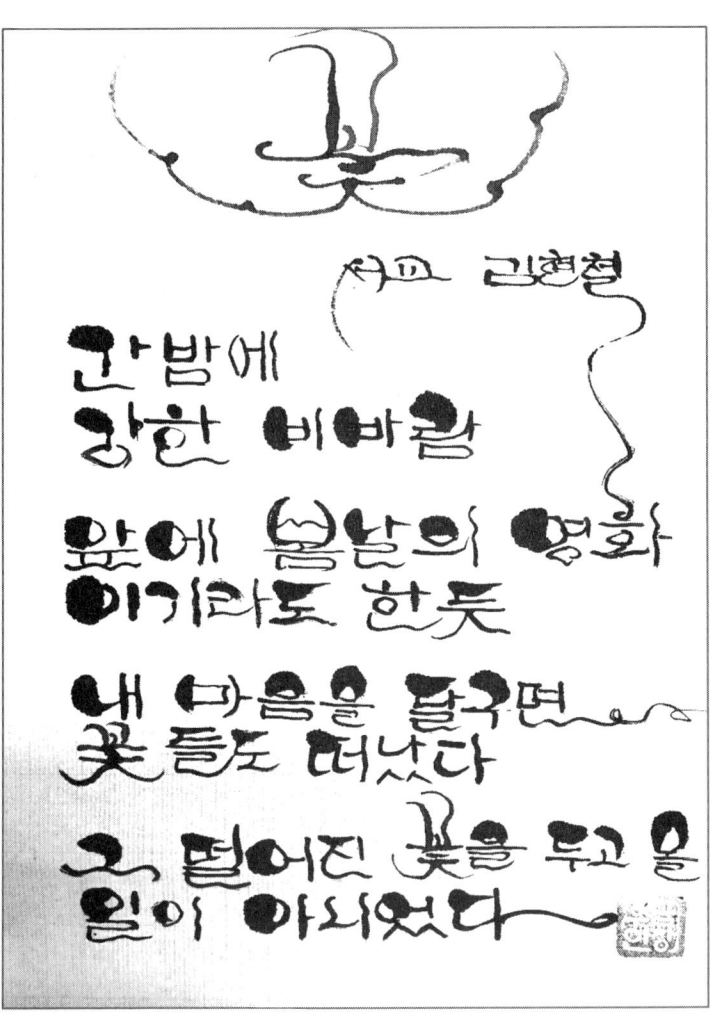

상고대

서교(후광)김현철

겨울 앙상한 가지
겨울 꽃 흰 서리꽃
나목은 너울 쓰고

물안개 뭉실 피어
환상의 겨울나라

겨울 강 억새 주물
흰 서리 새하얀 옷

칼바람 북풍한설
진양호는 울고 있네
눈꽃의 작은 미소.

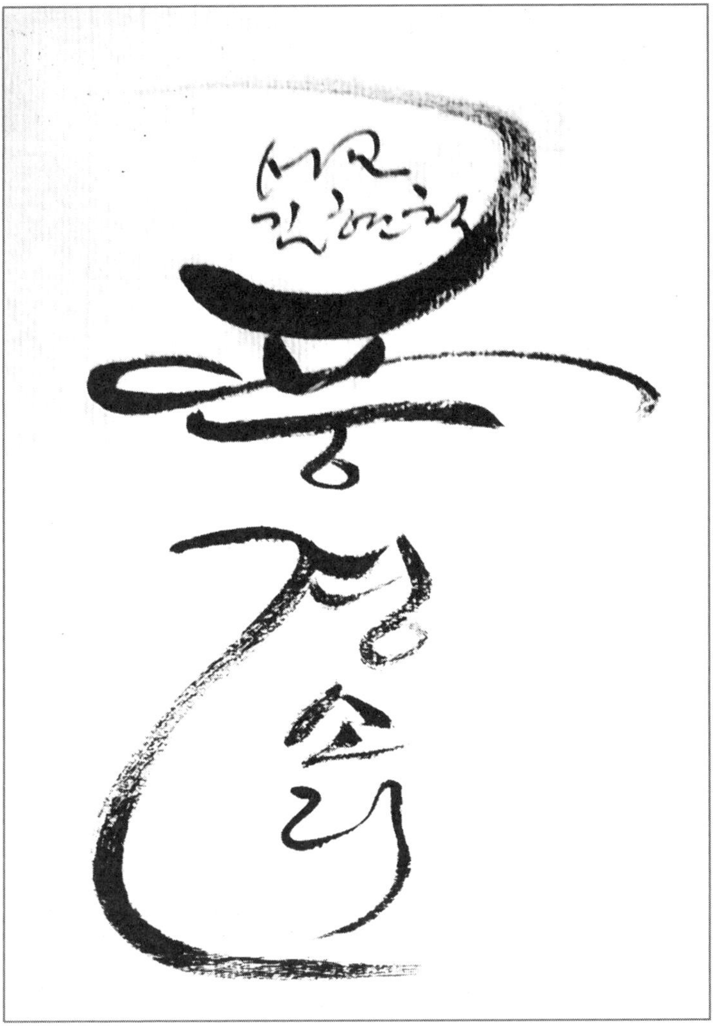

2024년 10월 21일

2025년 2월 10일

陶文 제2024-10-2호

수 상 통 보 서

호남지회장 김현철 문학박사

윗 분을 본 협회 정관 제2장(회원별) 제10조(상벌)에 따라 그 간의 공적으로 『대전광역시 감사장』 후보자로 선정하고 통보 합니다.

2024년 10월 19일

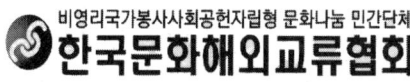

비영리국가봉사사회공헌자립형 문화나눔 민간단체
한국문화해외교류협회

 해외문학상운영위원회

도서출판

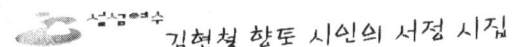 김현철 향토 시인의 서정 시집

내 고향 여수

비영리국가봉사사회공헌자립형 문화나눔 민간단체
한국문화해외교류협회

후기글

시인은 고독하다.
고독을 먹고 시를 쓴다. 로댕의 조각상 생각하는 사람은
가장 멋진 시인이다.
비가 오나 눈이 오나 긴 세월을
한 손으로 턱을 괴고 앉아 인생을 생각하며 시를 쓰고 또
쓰고 있다.
고향 하늘에 내 시를 그려 놓고 서정시를 써본다.
지금까지 1편을 내놓고선
2집과 소설집에 온 힘을 쏟아부었다.

여기까지 오기까지 도움을 주신 지인과 주변분들께
감사드립니다.
역시 부끄럽습니다.
읽어주신 모든 분들께 감사드립니다.

2025년 봄날에 - 소설가 서교 김현철

•• 김현철 시인의 제2시집 출간을 축하하며 ••

서교 김현철 시인의 제2시집 "오동도 동백은 피고 지고"
출간을 먼저 축하드립니다. 고향 여수를 사랑하여 제1시집
"내 고향 여수"를 출간해서 부러움과 신선함을 선물해
주었는데 이번에 또 다시 제2시집을 출간하여 그 뜨거운
열정에 깜짝 놀랐습니다.

서교 김현철 시인은 한국문화해외교류협회(김우영 상임대표)
호남지회 사무국장을 거쳐 현재 호남지회 지회장을 맡아
지회발전을 위해 노심초사 활동하며 자신의 생활을
예술의 세계로 승화시켜 바쁜 생활 속에서도 틈틈이 시를
쓰는 성실한 시인임을 함께 일하며 볼 수 있어 찬사를
보냅니다.

제2시집에 상재된 "오동도 동백은 피고 지고"의 시들은
한편 한편 자신의 개성과 인간미가 잘 녹아 흐르고 있어
좋습니다. 구애받지 않고 부드러움을 잘 표현하여
감미롭고 진솔하고 아무런 가식없이 일상의 대화를
나누듯 편한 시어들로 친근감을 주며 독자들의 가슴을
울려주는 시들로 깊은 감동이 가슴 뭉클하게 합니다.

시집에 담긴 감각과 사유를 통해 서교 시인이 간직하고 있는 시적 밀도를 경험 할 수 있으며, 신성한 세계에 대한 선연한 기억과 삶에 대한 존재론적 자각에 견고히 기초하여 자신이 경험한 서정시로 대부분 살아온 삶의 체험과 자연을 관찰한 모습이 고스란히 시 속에 스며있어 독자들의 사랑을 받으며 감동을 선사하겠다 싶습니다.

예의 바르고 기회가 주어지면 아낌없이 베풀기를 좋아하고 항상 자기보다 남부터 배려하는 결고운 따스한 심성이 시심으로 움트고 열매 맺어 아름다운 꽃처럼 시심의 결실을 보며 앞으로도 계속 3시집 4시집 발간에도 도전 하리라 믿습니다.

제2시집 출판을 진심으로 축하드리며, 보석처럼 빛나는 시들이 독자 여러분의 큰 사랑을 받고 희망의 선물 되길 기원합니다.

2025. 4. 5.
사직공원 자락에서 유양업(한국문화 교류협회 공동대표)

김현철 서정시인 제2집

오동도 동백은 피고지고

지 은 이	김현철 시인
편 집 인	시인 은총 배미영

인 쇄	2025년 4월 5일
발 행	2025년 4월 9일

펴 낸 이	홍기표
펴 낸 곳	도서출판 여울 국민행복
출판등록	2022년 9월 13일 (제2022-000050호)
전 화	02-2602-9487, 010-5675-9487
팩 스	02-2602-9488
이 메 일	sjhgp9487@naver.com

I S B N	979-11-990260-7-0
가 격	13,000원

ⓒ 2025, 도서출판 여울 국민행복.
Printed in Seoul Korea.

도서의 저작권은 저자와의 계약에 의하여, 도서출판 여울 국민행복 출판사에 있으며 일부, 혹은 전체 내용을 무단 복사 전제하는 것은 저작권법에 저촉됩니다.

* 잘못된 책은 구입하신 서점에서 바꾸어 드립니다.